Impressum
Verlag: BABADADA GmbH, Nedderfeld 112 , 22529 Hamburg
Geschäftsführer / Verlagsleitung: Harald Hof
Druck: Books on Demand GmbH, In de Tarpen 42, 22848 Norderstedt

Imprint
Publisher: BABADADA GmbH, Nedderfeld 112 , 22529 Hamburg, Germany
Managing Director / Publishing direction: Harald Hof
Print: Books on Demand GmbH, In de Tarpen 42, 22848 Norderstedt

mekdep
escola

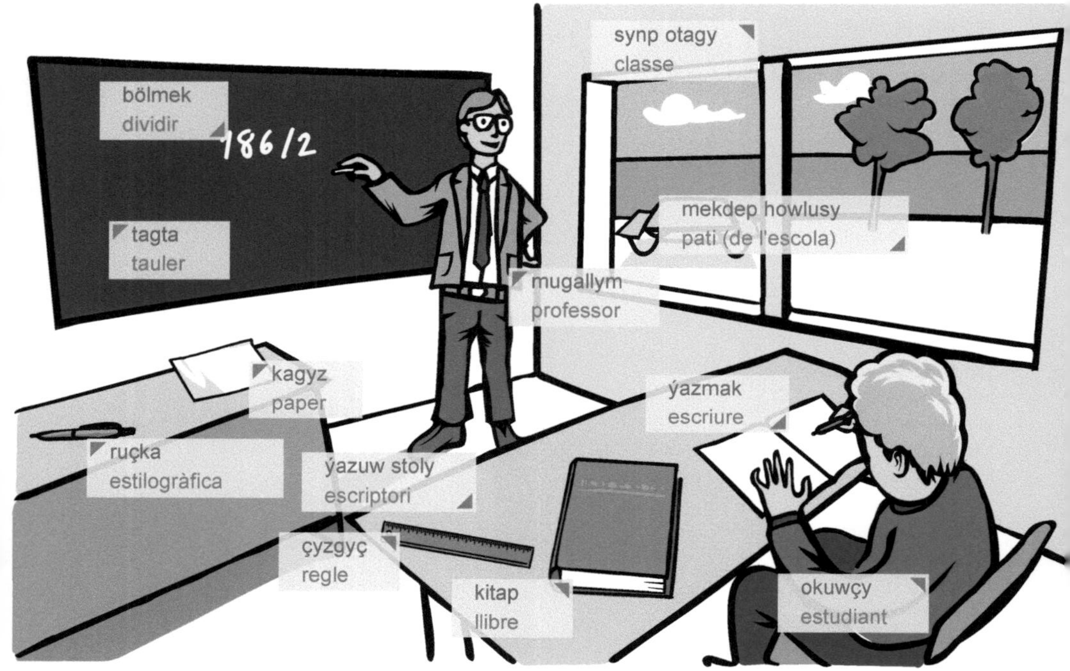

synp otagy
classe
bölmek
dividir
186/2
tagta
tauler
mekdep howlusy
pati (de l'escola)
mugallym
professor
kagyz
paper
ýazmak
escriure
ruçka
estilogràfica
ýazuw stoly
escriptori
çyzgyç
regle
kitap
llibre
okuwçy
estudiant

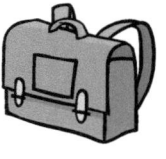

ranes

bossa

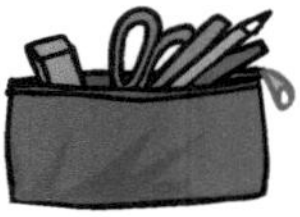

penal

estoig

galam

llapis

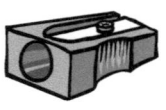

galam artylýan

maquineta de fer punta

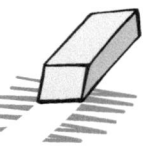

bozguç

goma

surat çekmek üçin albom

bloc de dibuix

surat

dibuix

çotgajyk

pinzell

reňkli guty

capsa de pintures

gaýçy

tisores

ýelim

cola

depder

quadern d'exercicis

öý işi

deures

san

nombre

2+2

goşmak

afegir

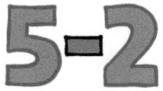

aýyrmak

sostreure

köpeltmek

multiplicar

hasaplamak

calcular

harp

lletra

elipbiý

alfabet

söz

mot

tekst
text

okamak
llegir

hek
guix

sapak
lliçó

synp dergisi
llibre de classe

synag
examen

diplom
certificat

mekdep lybasy
uniforme escolar

bilim
formació

ensiklopediýa
enciclopèdia

uniwersitet
universitat

mikroskop
microscopi

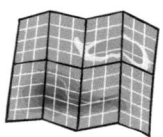

karta
mapa

kagyz üçin sebet
paperera

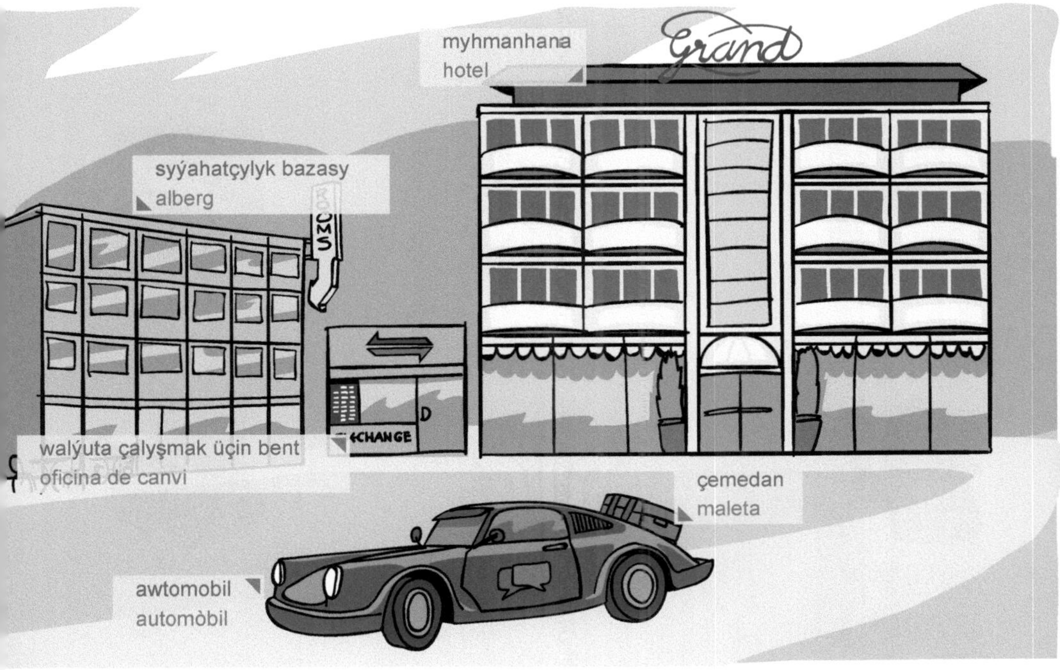
myhmanhana
hotel
Grand
syýahatçylyk bazasy
alberg
ROOMS
walýuta çalyşmak üçin bent
oficina de canvi
EXCHANGE
çemedan
maleta
awtomobil
automòbil

dil

llengua

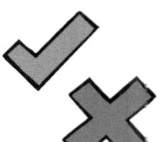

hawwa / ýok

sí / no

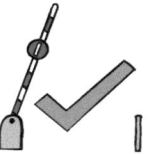

bolýa

D'acord

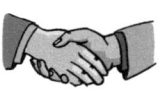

salam

Ey!

terjimeçi

traductora

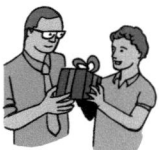

Minnetdar

gràcies

bahasy näçe?

Quant costa... ?

men düşünmeýärin

No entenc

mesele

problema

Agşamyňyz haýyr!

Bona nit!

Ertiriňiz haýyrly!

bon dia!

Gijäňiz rahat bolsun!

bona nit!

görüşýänçäk

fins aviat

ugur

direcció

ýük

bagatge

torba

bossa

eginden asylýan torba

sarrona

myhman

convidat

otag

cambra

halta ýorgan

sac de dormir

çadyr

tenda

syýahatçylyk maglumaty

oficina de turisme

kenarýaka

platja

karz karty

carta de crèdit

ertirlik

esmorzar

günortanlyk

dinar

agşamlyk

sopar

petek

bitllet

lift

ascensor

poçta markasy

segell

çäk

frontera

gümrük

duana

ilçihana

ambaixada

wiza

visat

pasport

passaport

ulag
transport

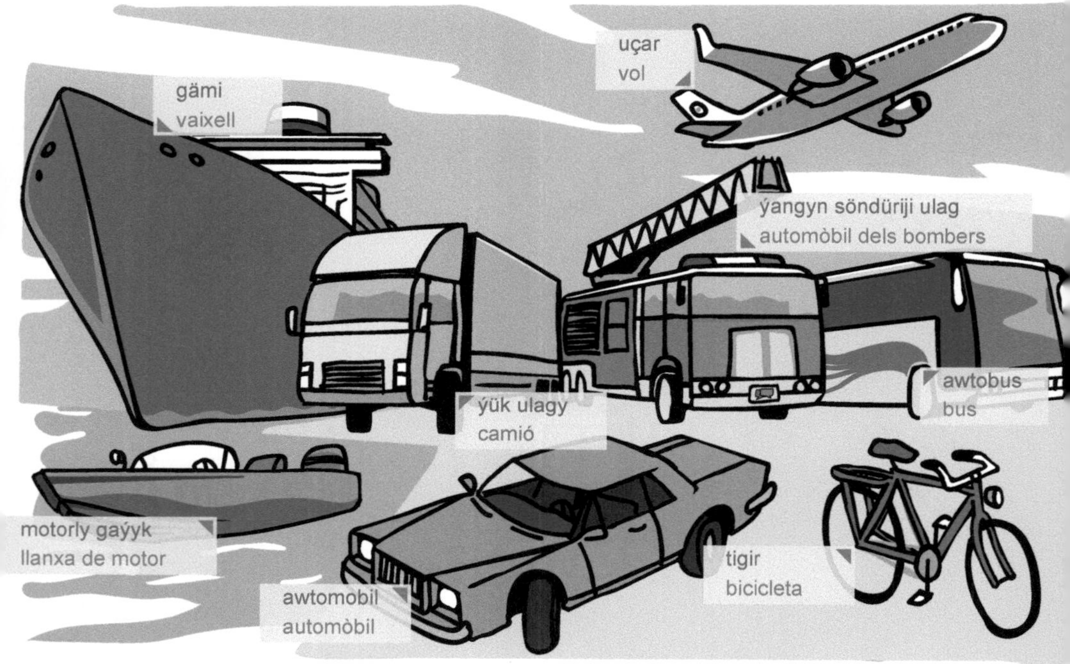
uçar
vol
gämi
vaixell
ýangyn söndüriji ulag
automòbil dels bombers
awtobus
bus
ýük ulagy
camió
motorly gaýyk
llanxa de motor
tigir
bicicleta
awtomobil
automòbil

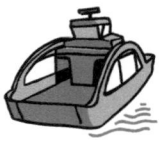

parom

transbordador

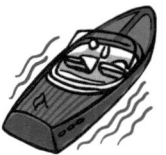

gaýyk

barca

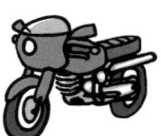

motosikl

moto

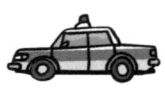

polisiýa ulagy

automòbil de policia

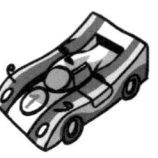

çapyşyk

automòbil de curses

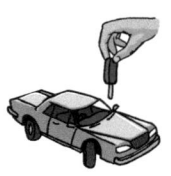

kärendä alnan ulga

automòbil de lloguer

ulagy bilelikde ulanmak

vehicle compartit

tirkeg ulagy

grua

zir-zibil daşaýan ulag

camió de les escombraries

hereketlendiriji

motor

ýangyç

benzina

guýma

benzineria

ýol belgisi

senyal de trànsit

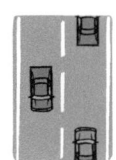

hereket

trànsit

dyky

embús

awtoduralga

aparcament

menzil

estació de trens

seplem

vies

otly

tren

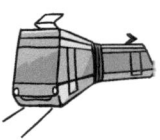

tramwaý

tramvia

wagon

vagó

dik uçar
helicòpter

howa menzili
aeroport

minara
torre

ýolagçy
passatger

konteýner
contenidor

guty
capsa de cartó

araba
carretó

sebet
cistella

uçmak / gonmak
enlairar-se / aterrar

şäher
ciutat

oba
poble

şäher merkezi
centre de la ciutat

öý
casa

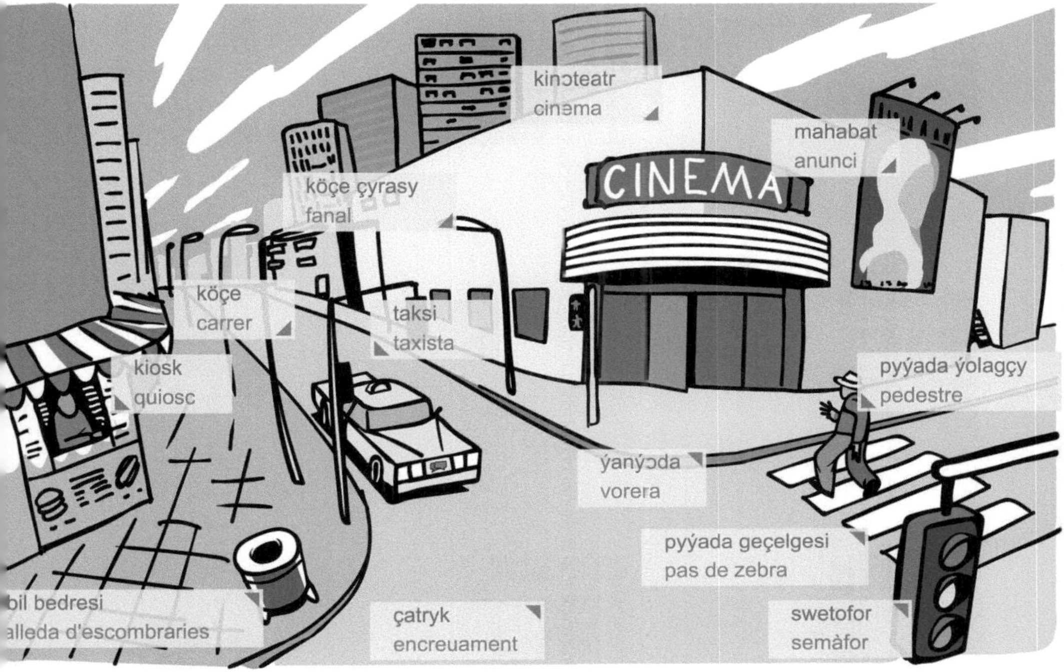

kinoteatr
cinema

mahabat
anunci

köçe çyrasy
fanal

CINEMA

köçe
carrer

taksi
taxista

pyýada ýolagçy
pedestre

kiosk
quiosc

ýanýoda
vorera

pyýada geçelgesi
pas de zebra

bil bedresi
alleda d'escombraries

çatryk
encreuament

swetofor
semàfor

kepbe
cabana

öý
apartament

menzil
estació de trens

şäher häkimligi
casa de la vila-ciutat

muzeý
museu

mekdep
escola

uniwersitet

universitat

bank

banca

hassahana

hospital

myhmanhana

hotel

dermanhana

farmàcia

ofis

oficina

kitap dükany

llibreria

dükan

botiga

gül dükany

floristeria

supermarket

supermercat

bazar

mercat

uniwermag

gran magatzem

balyk söwdagäri

peixateria

söwda merkezi

centre comercial

port

port

park
parc

oturgyç
banc

köpri
pont

merdiwan
escala

metro
metro

ötük
túnel

awtobus
parada d'autobús

bar
bar

restoran
restaurant

poçta gutusy
bústia de correu

köçäni adyny görkezýän
ýazgy
senyal indicador

parkometr
parquímetre

haýwanat bagy
zoo

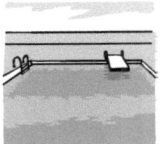

basseýn
piscina

metjit
mesquita

ferma

granja

daşky gurşawyň
hapalanmagy

pol·lució

gonamçylyk

cementiri

buthana

església

çaga meýdançasy

parc infantil

ybadathana

temple

landşaft
paisatge

ýaprak
fulla

ýol görkeziji
cartell indicador

ýol
camí

ýaýla
prat

daş
pedra

syýahatçy
excursionista

agaç
arbre

derýa
riu

ot
gespa

gül
flor

dere
vall

dag
muntanya

köl
llac

tokaý
bosc

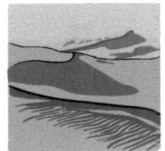

çöl
desert

wulkan
volcà

gulp
castell

älemgoşar
arc de Sant Martí

kömelek
bolet

palma agajy
palmera

çybyn
moscard

sinek
mosca

garynja
formiga

bal arysy
abella

möý
aranya

tomzak

escarabat

gurbaga

granota

awusiýdik

esquirol

kirpi

eriçó

towşan

llebre

baýguş

òliba

guş

ocell

guw

cigne

ýekegapan

senglar

sugun

cervo

los

ant

bent

presa

şemal generatory

turbina

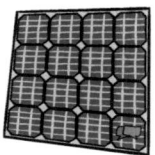

gün batareýasy

panell solar

howa

clima

landşaft - paisatge

restoran
restaurant

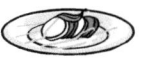

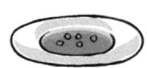

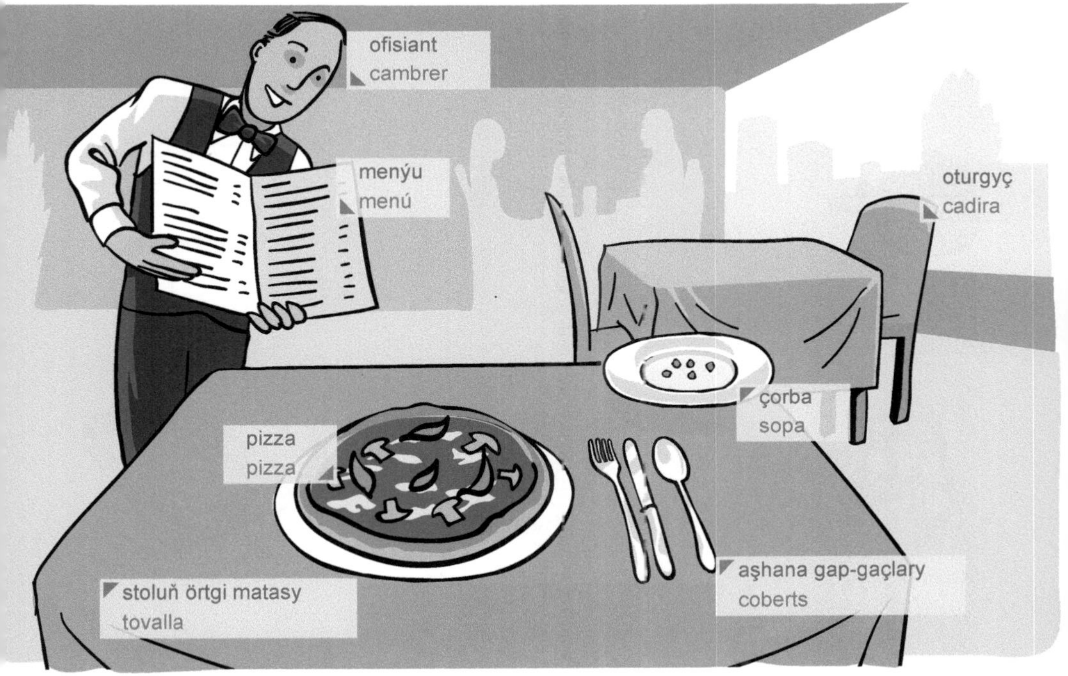

ofisiant
cambrer
menýu
menú
oturgyç
cadira
çorba
sopa
pizza
pizza
stoluň örtgi matasy
tovalla
aşhana gap-gaçlary
coberts

garbanma
primer plat

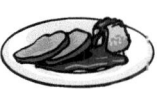

esasy tagam
plat principal

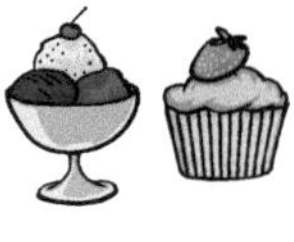

süýjülik
darreries

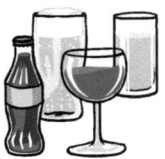

içgiler
begudes

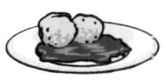

nahar
menjar

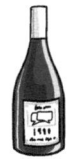

süýşe
ampolla

tiz tagam

menjar ràpid

köçe iýmiti

menjar de carrer

çäýnek, kitir

tetera

şeker gaby

sucrer

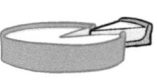

porsiýa

porció

kofe gaýnadyjy

màquina d'espresso

çaga oturgyjy

trona

hasap

factura

mejme

plata

pyçak

ganivet

çarşak

forqueta

çemçe

cullera

çaý çemçesi

cullereta

salfetka

tovalló

bulgur

got

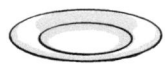

tarelka

plat

çorba tarelkasy

plat de sopa

tabajyk

plateret

sous

salsa

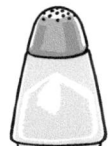

duz gaby

saler

burçy üweýji

molinet de pebre

sirke

vinagre

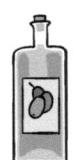

ýag

oli

huruş

espècies

ketçup

quètxup

gorçisa

mostassa

maýonez

maionesa

supermarket

supermercat

ýörite teklip
oferta especial
FOR
alyjy
client
süýt önümleri
productes lactis
miweler
fruites
satyn alnan zatlar üçin araba
carret de la compra

BUTCHERS

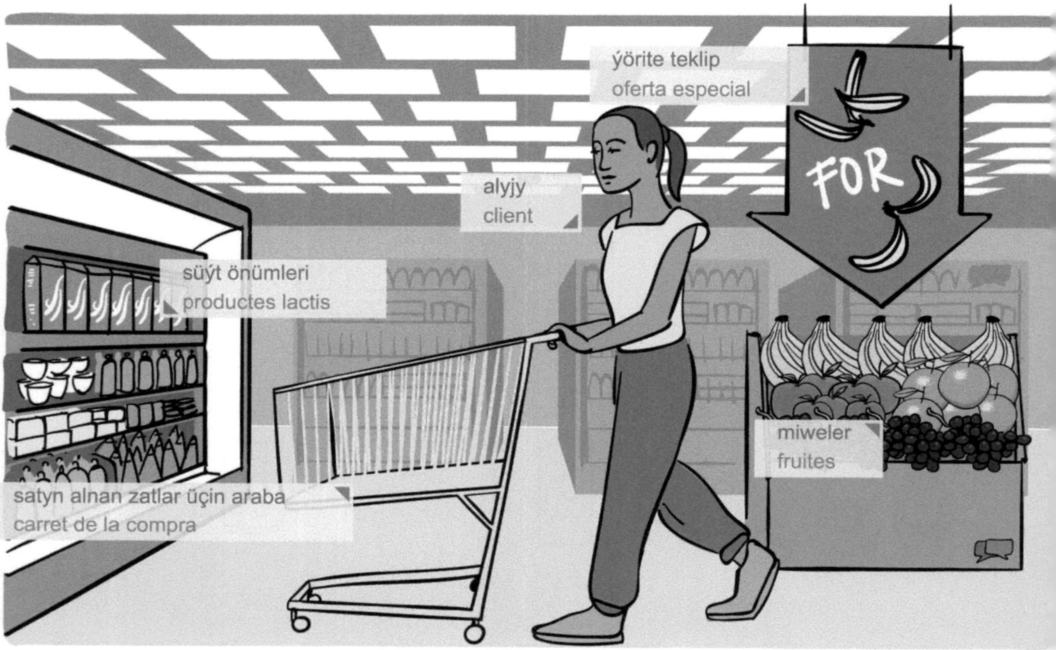

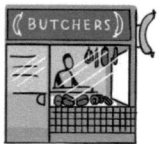

et dükany

carnisseria

BAKERY

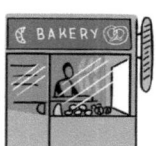

çörek kärhanasy

forn de pa

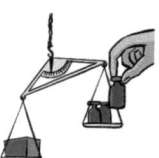

ölçemek

pesar

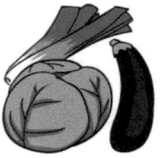

gök önümler

verdures

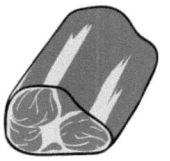

et

carn

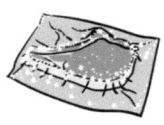

tiz doňýan önümler

menjar congelat

kesme

carn freda

konserwirlenen önümler

conserves

kir ýuwujy toz

detergent en pols

süýjülikler

dolços

öýde ulanylýan zat

articles domèstics

ýuwujy serişde

productes de neteja

satyjy aýal

venedora

kassa

caixa registradora

pulhanaçy

caixera

satyn alynmaly zatlar

llista de la compra

iş wagty

horari d'obertura

gapjyk

portamonedes

karz karty

carta de crèdit

sumka

bossa

polietilen paket

bossa de plàstic

suw

aigua

şire

suc

süýt

llet

koka-kola

coca-cola

wino

vi

piwo

cervesa

alkogol

alcohol

kakao

cacau

çaý

te

kofe

cafè

espresso

espresso

kapuçino

cappuccino

banan

banana

alma

poma

pyrtykal

taronja

garpyz

síndria

limon

llimona

käşir

pastanaga

sarymsak

all

bambuk

bambú

sogan

ceba

kömelek

bolet

hoz

avellanes

un aş

fideus

spagetti

espaguetis

tüwi

arròs

işdäaçar

amanida

gowurylan ýer alma

patates fregides

gowurylan ýer alma

patates fregides

pizza

pizza

gamburger

hamburguesa

sendwiç

entrepà

üweme

escalopa

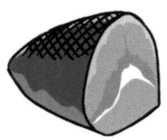

wetçina

cuixot

salýami

salami

şöhlat

salsitxa

towuk

pollastre

gowrulyp taýýarlanýan
nahar

rostit

balyk

peix

süle patragy

flocs de civada

mýusli

musli

mekgejöwen patragy

cereals

un

farina

kruassan

croissant

bulka

panet

çörek

pa

tost

torrada

köke

bescuits

ýag

mantega

dorog

mató

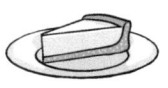

pirog

pastís

ýumurtga

ou

heýgenek

ou fregit

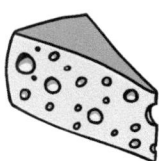

peýnir

formatge

doňdurma
gelat

şeker
sucre

bal
mel

marmelad
melmelada

nogully krem
crema de xocolata

karri
curri

ferma
granja

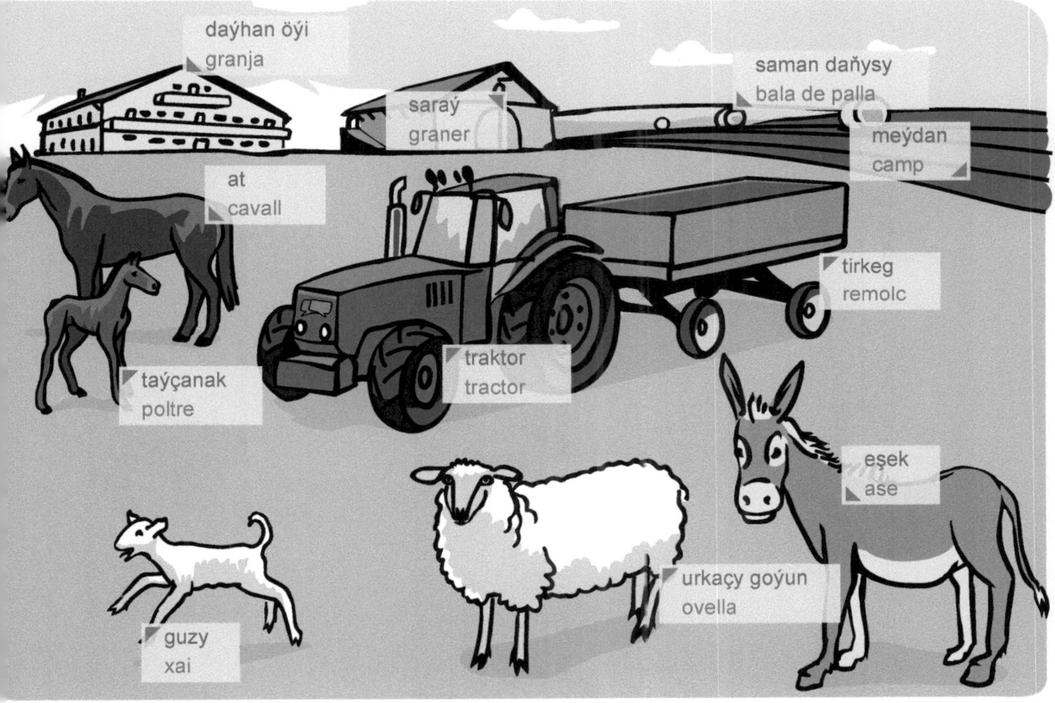

daýhan öýi
granja
saraý
graner
saman daňysy
bala de palla
meýdan
camp
at
cavall
tirkeg
remolc
traktor
tractor
taýçanak
poltre
eşek
ase
urkaçy goýun
ovella
guzy
xai

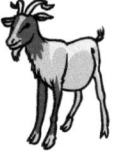

geçi

cabra

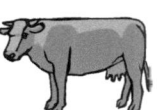

sygyr

vaca

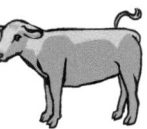

göle

vedella

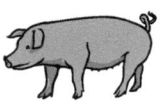

doňuz

porc

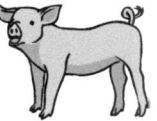

jojuk

garrí

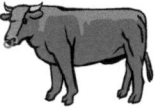

öküz

bou

gaz

oca

ördek

ànec

jüýje

poll

towuk

gall

horaz

gallina

alaka

rata

pişik

gat

syçan

ratolí

öküz

bou

it

gos

it ýatagy

gossera

bag şlangy

mànega de regar

guýgyç

regadora

orak

dalla

azal

arada

orak
falç

kätmen
aixada

dökün çarşagy
forca

palta
destral

galtak
carretó

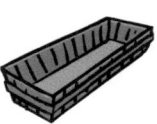

kersen
abeurador

süýt üçin tüññür
lletera

halta
sac

haýat
tanca

çörek
establa

ýyladyşhana
hivernacle

toprak
sòl

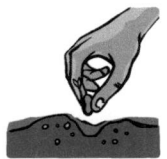

ekin
llavor

dökün
adob

kombaýn
collidora

hasyl ýygnamak

collir

galla

collita

ýams

nyam

bugdaý

blat

soýa

soja

ýeralma

patata

mekgejöwen

blat de moro o d'indi

raps

colza

miwe agajy

arbre fruiter

manioka

mandioca

däneli ösümlikler

cereals

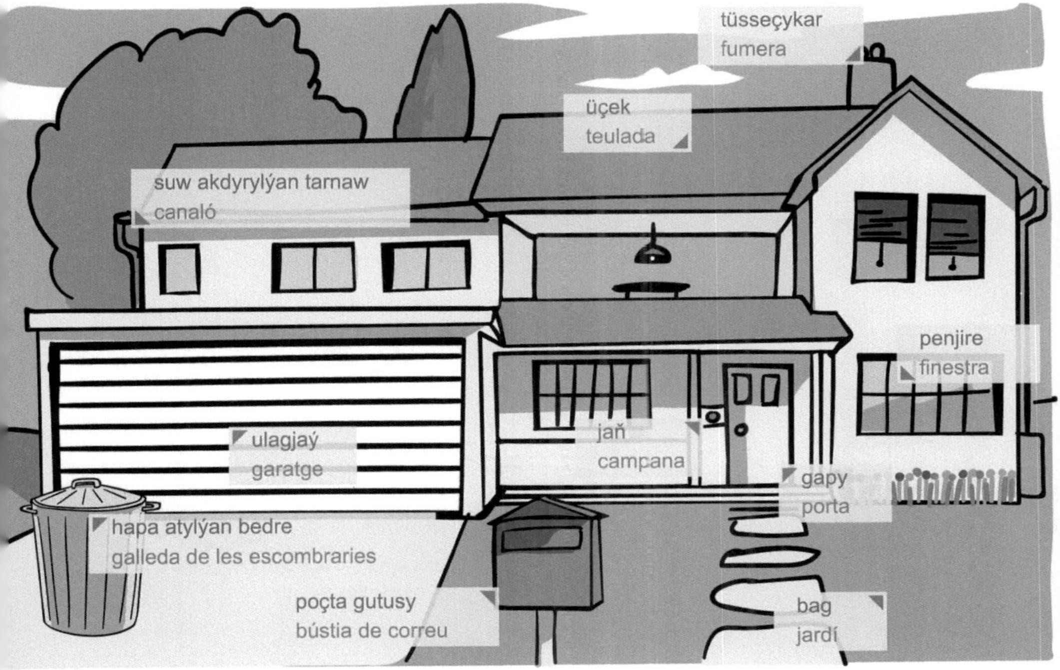

tüsseçykar
fumera

üçek
teulada

suw akdyrylýan tarnaw
canaló

penjire
finestra

ulagjaý
garatge

jaň
campana

gapy
porta

hapa atylýan bedre
galleda de les escombraries

poçta gutusy
bústia de correu

bag
jardí

myhman otagy

sala d'estar

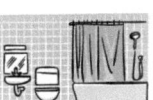

wanna otagy

bany

aşhana

cuina

ýatalga otagy

cambra de dormir

çaga otagy

cambra de nen

naharhana

menjador

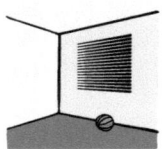

pol
sòl

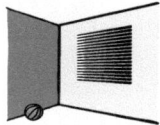

diwar
paret

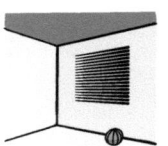

potolok
sostre

ýerzemin
soterrani

hamam
sauna

balkon
balcó

eýwan
terrassa

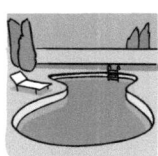

howdan
piscina

gazon orujy
tallagespa

ýorgan daşlygy
vànova

örtgi
cobrellit

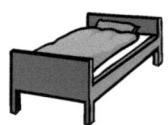

ýatakça
llit

sübse
escombra

bedre
galleda

öçüriji
interruptor

myhman otagy
sala d'estar

oboýlar
paper de paret
çekilen surat
quadre
çyra
làmpada
tekje
prestatge
şkaf
armari
telewizor
televiso
kamin
escalfapanxes
gül
flor
ýassyk
coixí
diwan
sofà
küýze
gerro
aralykdan dolandyryş pulty
telecomanda

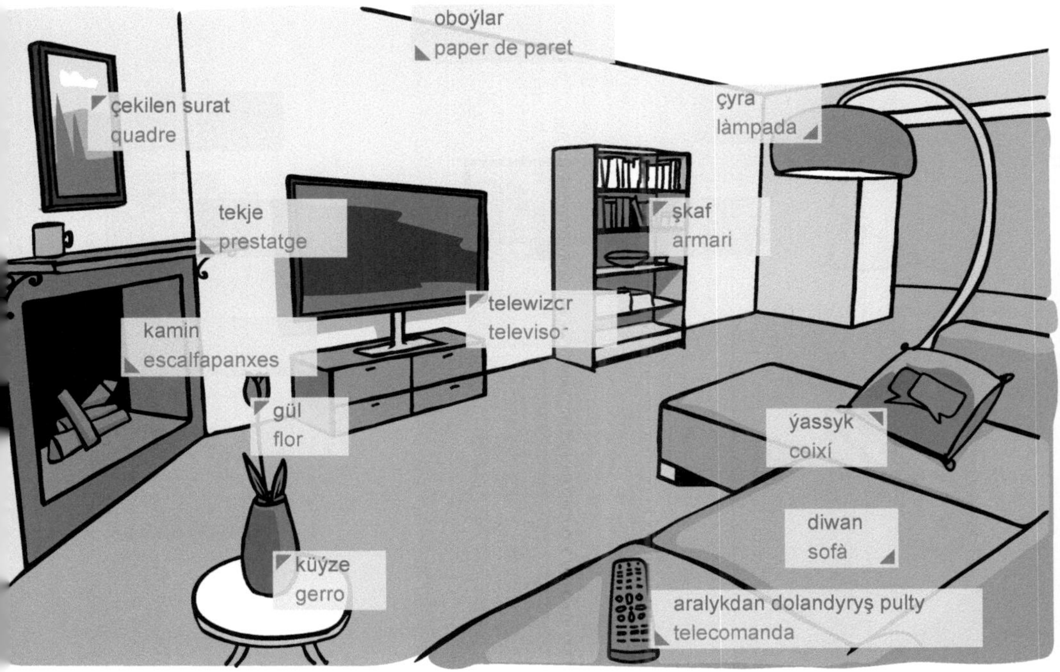

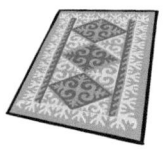

haly

catifa

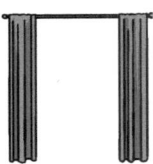

tuty

cortina

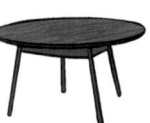

stol

taula

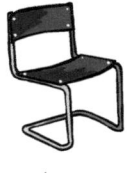

oturgyç

cadira

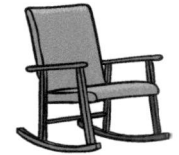

öňe-yza gaýdýan kürsi

cadira gronxadora

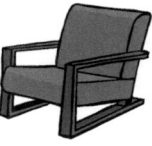

kürsi

cadiral

kitap

llibre

örtgi

llençol

bezeg

decoració

odun

llenya

film

film

stereo ulgam

cadena de música

açar

clau

gazet

diari

surat

pintura

ündewsurat

cartell

radio

ràdio

bloknot

bloc de notes

tozan sorujy

aspiradora

kaktus

cactus

şem

candela

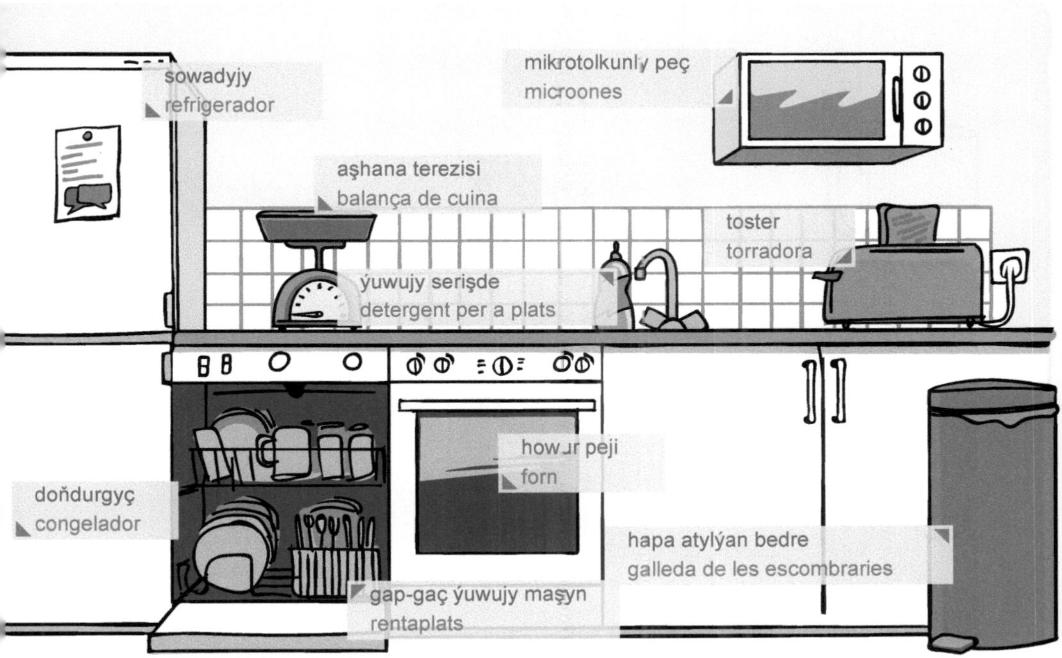

sowadyjy
refrigerador

mikrotolkunly peç
microones

aşhana terezisi
balança de cuina

toster
torradora

ýuwujy serişde
detergent per a plats

howur peji
forn

doňdurgyç
congelador

hapa atylýan bedre
galleda de les escombraries

gap-gaç ýuwujy maşyn
rentaplats

plita

cuina de fogons

piti

olla

çoýun gazany

olla de ferro colat

wok / kadaý

wok / karahi

saç

paella

çäýnek, kitir

bullidor

bugda bişiriji

olla de vapor

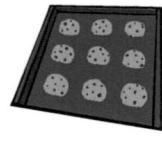

protiwen

plata de forn

gap-gaç

vaixella

kürşge

tassa grossa

jam

bol

nahar iýilýän taýajyklar

bastonets xinesos

susak

culler

piljagaz

espàtula

ýaýylýan maşyn

batedor

elek

colador

elek

sedàs

gyrgyç

ratllador

soky

morter

gril

barbacoa

ot

foc a terra

tagta
taula de tallar

oklaw
corró

ştopor
llevataps

tüneke banka
pot de conserva

konserwa pyçagy
obridor

tutguç
agafador

rakowina
aigüera

çotga
raspall

gubka
esponja

mikser
batedora

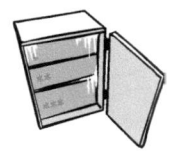

doňdurma kamerasy
congelador

çagany iýmitlendirmek üçin çüýşejik
biberó

kran
aixeta

wanna otagy
bany

ýyladyş
calefacció
süpürgiç
tovallola
duş
dutxa
duş üçin tuty
cortina de dutxa
köpürjikli wanna
bany de bombolles
wanna
banyera
bulgur
got
kir ýuwulýan maşyn
rentadora
kran
aixeta
plitka
rajoles
küýze
orinal
rakowina
aigüera

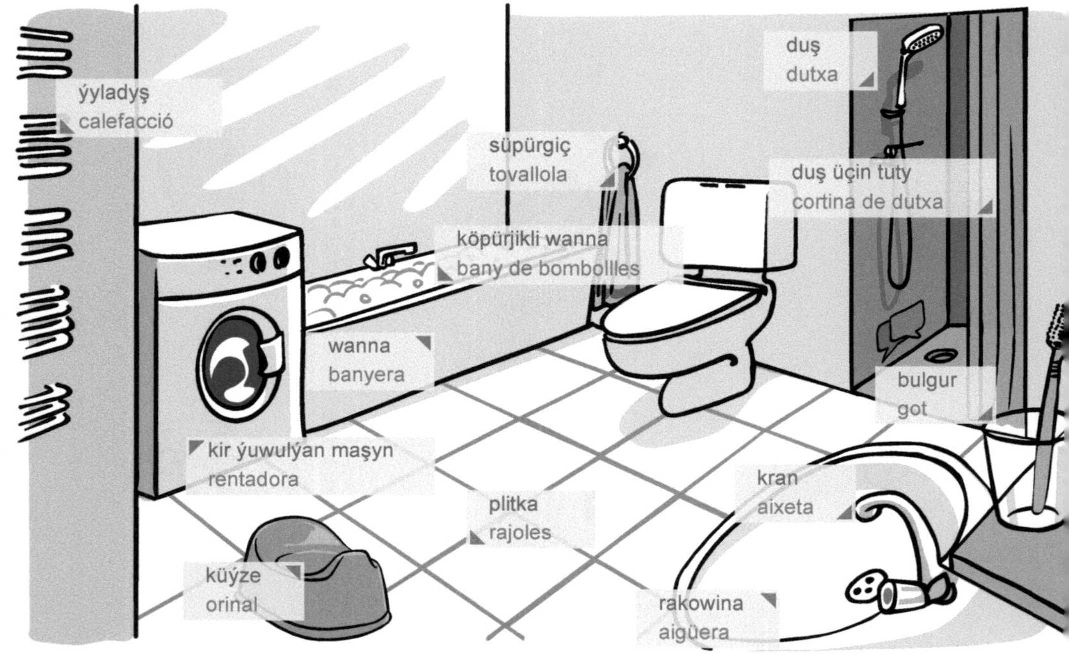

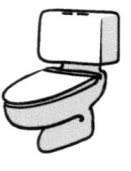

hajathana

lavabo

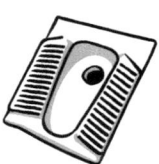

polda oturdylýan unitaz

lavabo turc

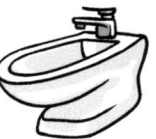

bide

bidet

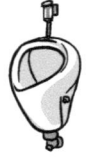

pissuar

orinador

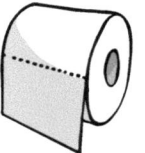

hajathana kagyzy

paper higiènic

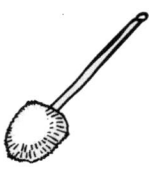

hajathana çotgasy

escombreta de sanitari

diş çotgasy

raspall de dents

diş pastasy

pasta de dents

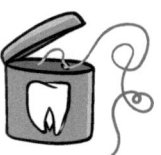

diş sapagy

fil dental

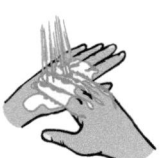

ýuwmak

rentar

el duşy

pom de dutxa

şahsy duş

dutxa íntima

legen

rentamans

arka üçin çotga

raspall per a l'esquena

sabyn

sabó

duş üçin gel

gel de dutxa

şampun

xampú

moçalka

manyopla de bany

akyş

bonera

krem

crema

dezodorant

desodorant

aýna

mirall

el aýnasy

mirall-espill de mà

päki

maquineta de rasar

sakgal syrmak üçin köpürjik

espuma de barbejar

sakgal syrylanyndan soňky losýon

loció post-rasada

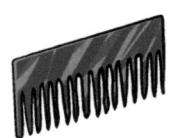

darak

pinta

çotga

raspall

fen

eixugador

saç üçin lak

laca

kosmetika

maquillatge

dodaga çalynýan reňk

pintallavis

dyrnaga çalynýan reňk

esmalt d'ungles

pamyk

cotó

manikýur gaýçysy

tallaungles

atyr

perfum

kosmetika üçin gutujyk

estoig de bellesa

oturgyç

tamboret

terezi

bàscula

halat

barnús

rezin ellik

guants de goma

tampon

compresa higiènica

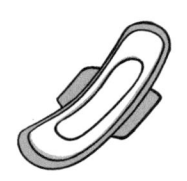

gigiýena prokladkasy

compresa

biohajathana

sanitari químic

çaga otagy
cambra de nen

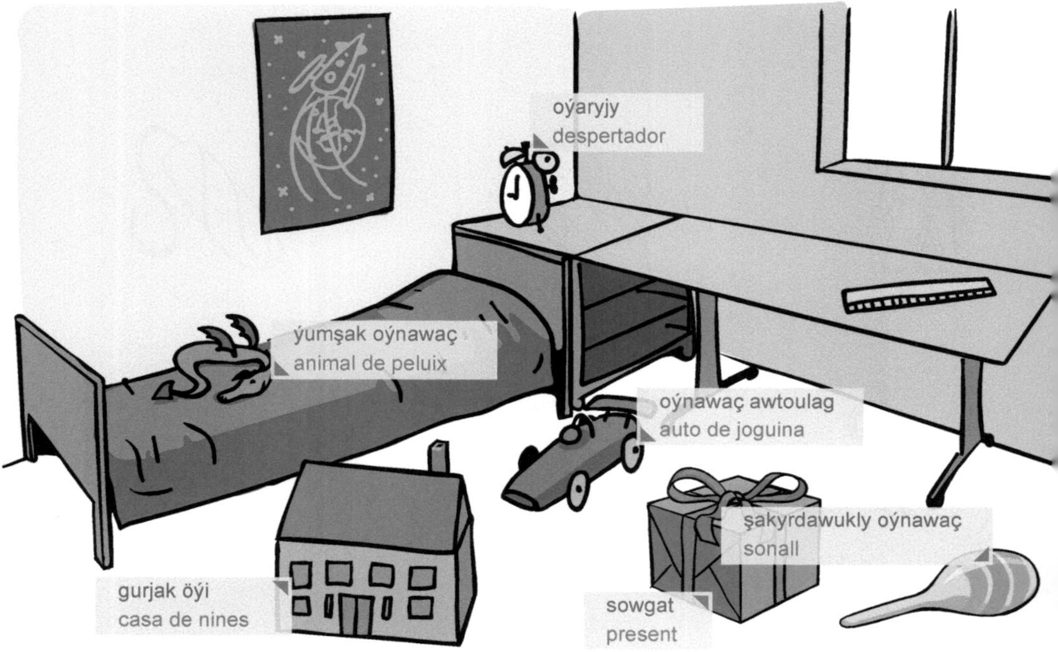

oýaryjy
despertador
ýumşak oýnawaç
animal de peluix
oýnawaç awtoulag
auto de joguina
şakyrdawukly oýnawaç
sonall
gurjak öýi
casa de nines
sowgat
present

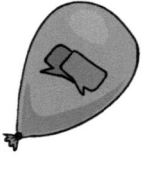

howaly şar

baló

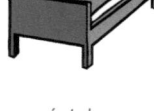

ýatakça

llit

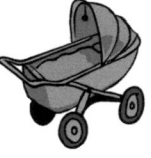

çaga arabasy

cotxet per a nens

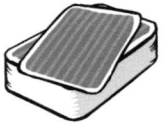

kart oýny

joc de cartes

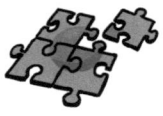

pazl

trencaclosca

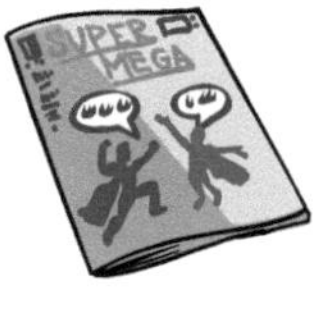

komiks

historieta

Lego kerpiçleri

peces de lego

kubikler

peces de construcció

oýnawaç şekil

ninot d'acció

çagalar üçin joraply balak

granota

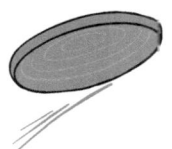

frisbi

frisbee

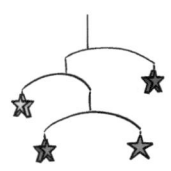

mobile

mòbil per a bressol

stolüsti oýun

joc de taula

kubik

daus

demir ýolunyň modeli

tren elèctric

soska

xumet

şagalaň

festa

şekilli kitap

llibre de dibuixos

top

pilota

gurjak

nina

oýnamak

jugar

çäge aýmança

sorrera

hiňňildik

gronxador

oýnawaç

joguines

oýun pristawkasy

consola de jocs de vídeo

üç tigirli welosiped

tricicle

plýuşadan aýyjyk

osset de peluix

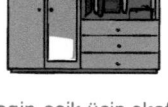

egin-eşik üçin şkaf

armari

egin-eşik

roba

jorap

mitjons

çulki

mitges

kolgotka

mitja pantaló

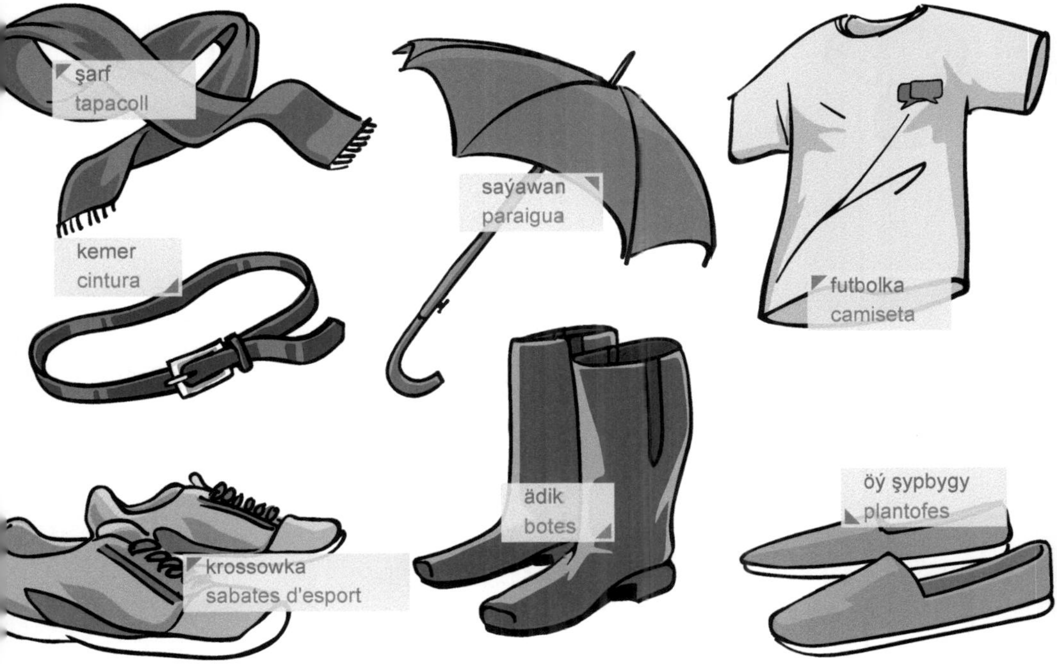

şarf
tapaçoll

saýawan
paraigua

kemer
cintura

futbolka
camiseta

ädik
botes

öý şypbygy
plantofes

krossowka
sabates d'esport

sandaliýa
....
sandàlies

aýakgap
....
sabates

rezin ädik
....
botes de goma

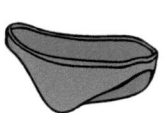

türsük
....
calçonets

göwüslik
....
sostenidor

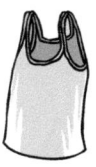

maýka
....
guardapits

egin-eşik - roba

bodi

jjustacòs

jalbar

pantalons

jins

jeans

ýubka

faldeta

bluzka

brusa

köýnek

camisa

switer

jersei

switer

dessuadora

sport keltekçesi

blazer

žaket

jaqueta

palto

mantell

plaş

impermeable

kostýum

vestit de dona

köýnek

vestit de dona

toý köýnegi

vestit de núvia

erkek üçin kostýum

vestit d'home

ýatyş köýnegi

camisa de dormir

pižama

pijama

sari

sari

ýaglyk

mocador de cap

selle

turbant

perenji

burca

kaftan

caftan

abaýa

abaia

suwa düşmek üçin lybas

vestit de bany

plawki

calçon(et)s de bany

şorty

pantalons curts

sport lybasy

xandall

öňlük

davantal

ellik

guants

ilik

botó

äýnek

ulleres

bilezik

braçalet

zynjyr

collaret

ýüzük

anell

syrga

orellera

papak

casquet

geýim asgyç

penjador

şlýapa

capell

galstuk

corbata

syrma

cremallera

şlem

casc

egnaşyr kemer

elàstics

mekdep lybasy

uniforme escolar

lybas

uniforme

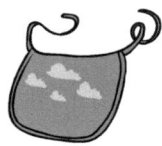

çaga döşlügi

pitet

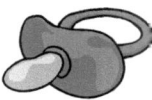

soska

xumet

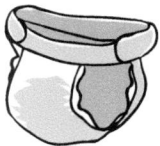

arlyk

bolquer

ofis
oficina

serwer
servidor
kanselýariýa şkafy
armari arxivador
printer
impressora
kagyz
paper
monitor
monitor
syçanjyk
ratolí
ýazuw stoly
escriptori
papka
arxivador
klawiatura
teclat
kagyz üçin sebet
paperera
oturgyç
cadira
kompýuter
ordinador

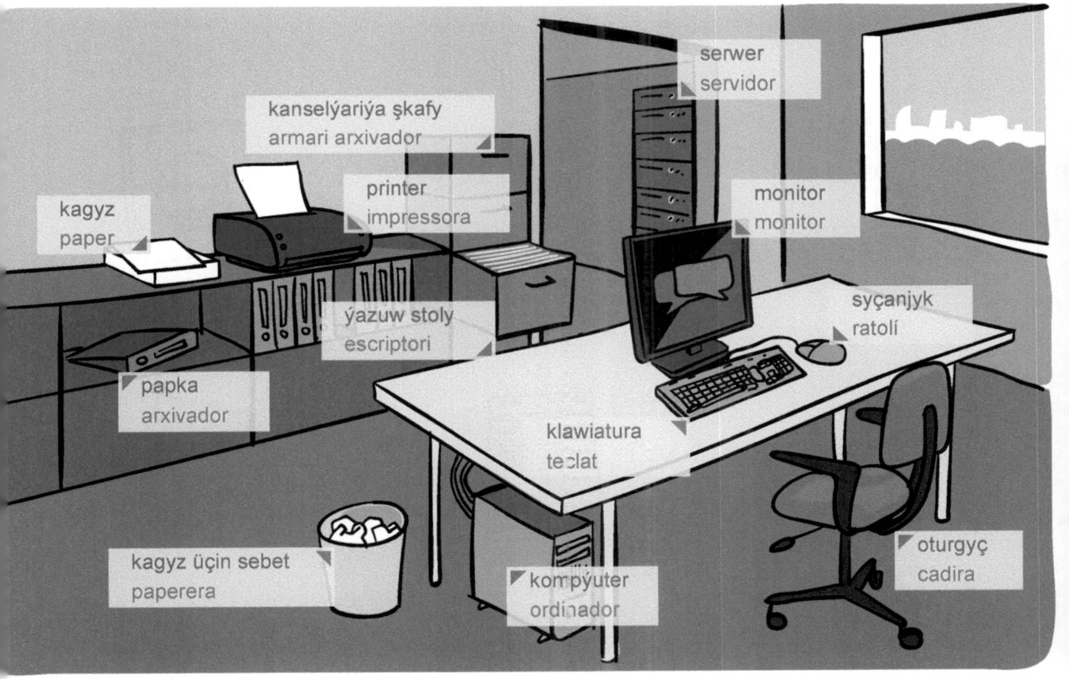

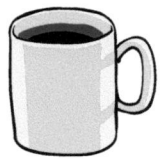

kofe kružkasy

tassa de cafè

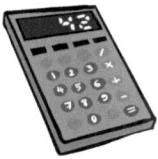

kalkulýator

calculadora

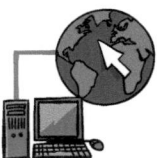

internet

Internet

noutbuk

ordinador portàtil

hat

lletra

habar

missatge

öýjükli telefon

mòbil

tor

xarxa

kseroks

fotocopiadora

programma

programari

telefon

telèfon

rozetka

presa de corrent

faks

fax

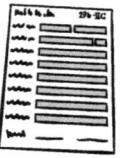

formulýar

formulari

resminama

document

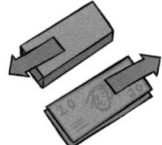

satyn almak

comprar

tölemek

pagar

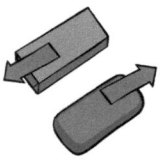

söwda etmek

comerciar

pul

diners

 USD

dollar

dòlar

 EUR

ýewro

euro

 JPY

iena

ien

 RUB

rubl

ruble

 CHF

frank

franc suís

 CNY

ženminbi ýuan

renminbi

 INR

rupiýa

rupia

bankomat

caixa automàtica

walýuta çalyşmak üçin bent

oficina de canvi

altyn

or

kümüş

argent

nebit

petroli

energiýa

energia

baha

preu

şertnama

contracte

salgyt

impost

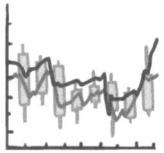

paýnama

acció

işlemek

treballar

gullukçy

treballador

iş beriji

empresari

fabrik

fàbrica

dükan

botiga

hünärler
oficis

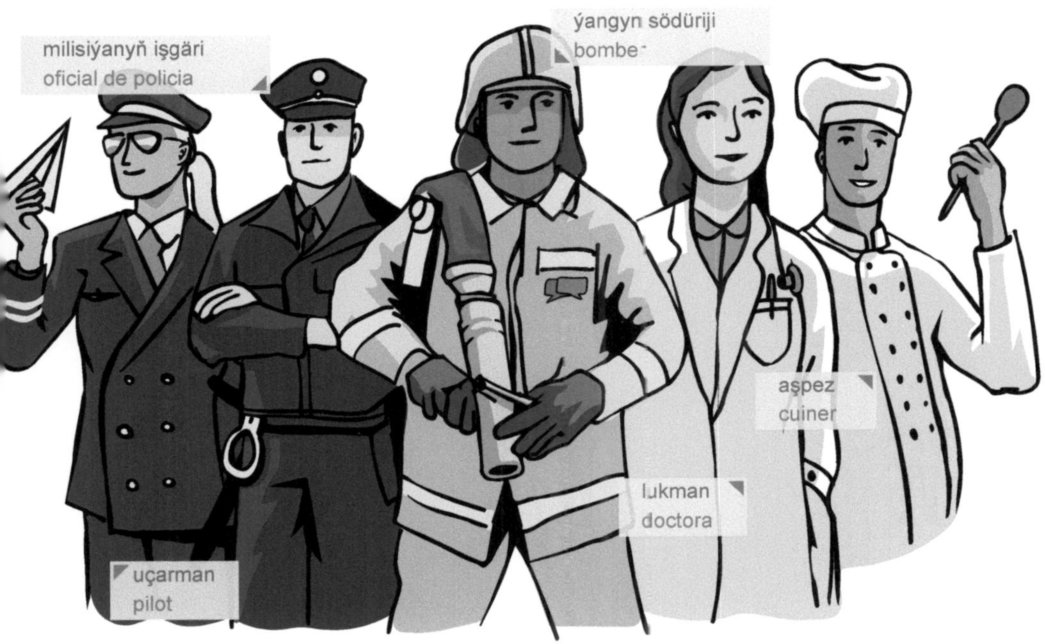

milisiýanyň işgäri
oficial de policia
ýangyn södüriji
bombe
aşpez
cuiner
lukman
doctora
uçarman
pilot

bagban

jardiner

agaç ussasy

fuster

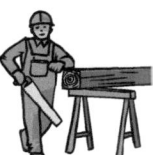

tikinçi

costurera

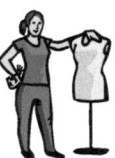

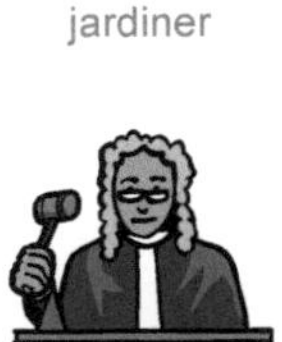

kazy

jutge

himik

química

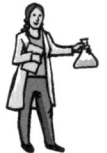

aktýor

actor

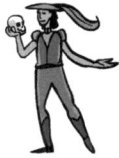

awtobus sürüjisi

conductor d'autobús

taksiçi

taxista

balykçy

pescador

tam süpüriji

dona de la neteja

üçek basyrýan ussa

ensostrador

ofisiant

cambrer

awçy

caçador

suratçy

pintor

çörekçi

forner

elektrik

electricista

gurluşykçy

obrer de la construcció

inžener

enginyer

gassap

carnisser

santehnik

llanterner

hatçy

correu

esger

soldat

binagär

arquitecte

pulhanaçy

caixera

floraçy

florista

dellekçi

perruquer

konduktor

revisor

mehanik

mecànic

kapitan

capità

diş lukmany

dentista

alym

científic

rawwin

rabí

imam

imam

monah

monjo

ruhany

capellà

gurallar

eines

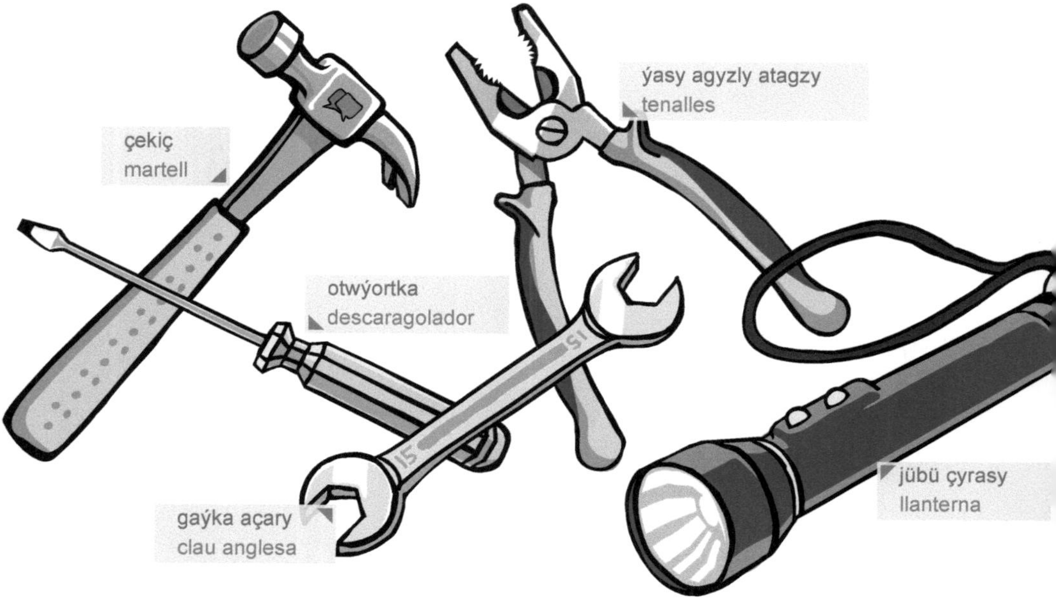

çekiç
martell
ýasy agyzly atagzy
tenalles
otwýortka
descaragolador
gaýka açary
clau anglesa
jübü çyrasy
llanterna

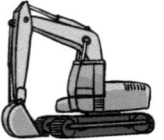

ekskawator

excavadora

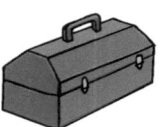

gurallar üçin gap

caixa d'eines

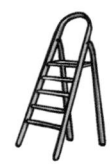

merdiwan

escala

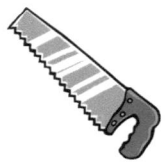

byçgy

serra

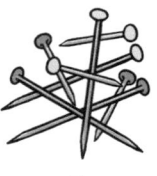

çüýler

claus

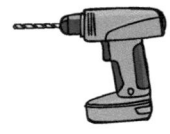

drel

trepant

abatlamak

reparar

pil

pala

Bolmandyr!

Maleït siga!

susguç

pala

boýagly bedre

pot de pintura

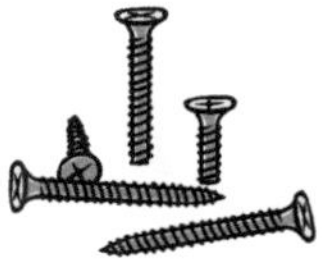

nurbatlar

caragols

saz gurallary

instrument de música

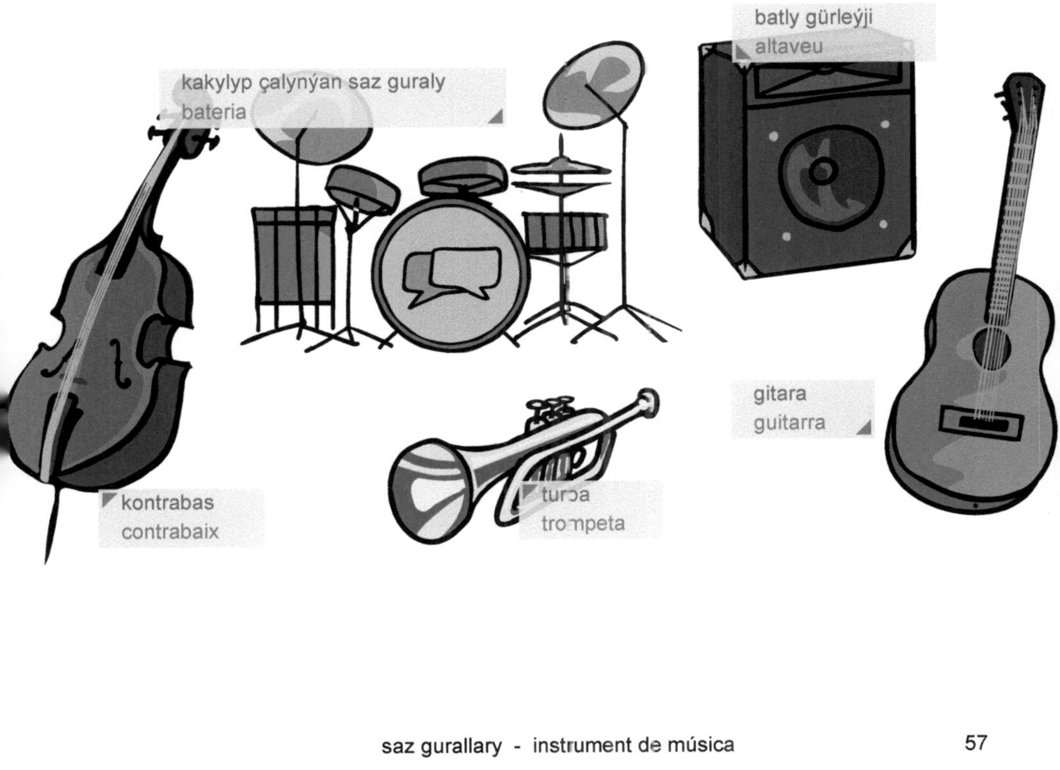

batly gürleýji

altaveu

kakylyp çalynýan saz guraly

bateria

gitara

guitarra

kontrabas

contrabaix

turba

trompeta

pianino

piano

skripka

violí

bas-gitara

baix

nagara

timbal

deprek

tambor

sintezator

teclat

saksafon

saxofon

fleýta

flauta

mikrofon

micròfon

haýwanat bagy

zoo

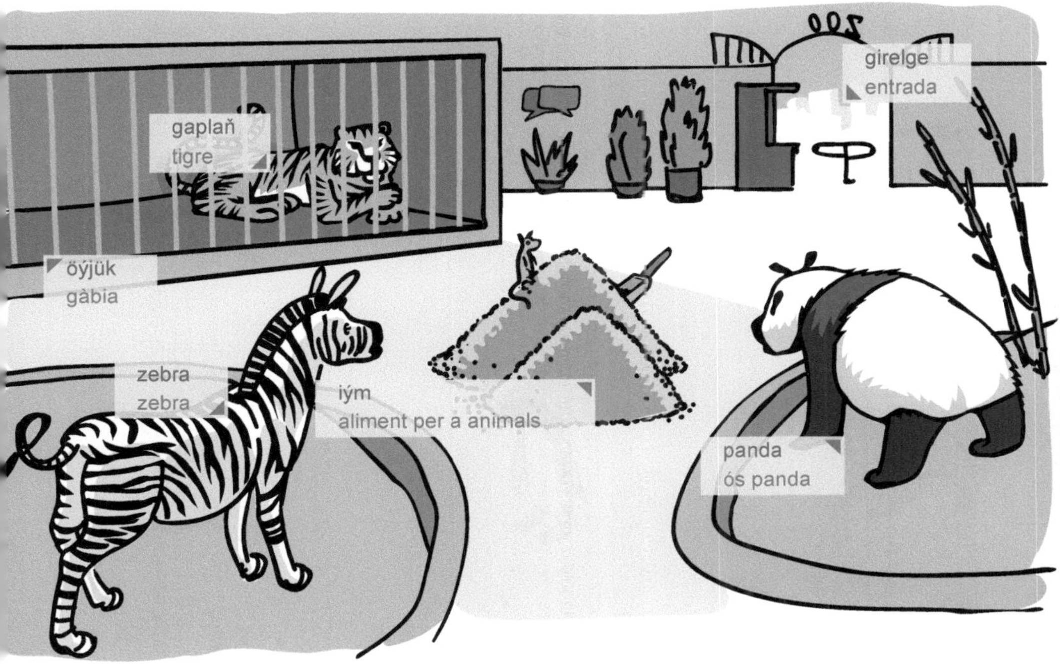

zoo
girelge
entrada
gaplaň
tigre
öýjük
gàbia
zebra
zebra
iým
aliment per a animals
panda
ós panda

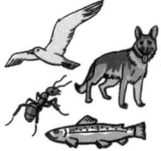

haýwanlar

animals

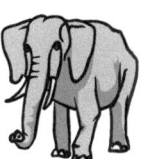

pil

elefant

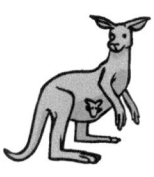

kenguru

cangurú

nosorog

rinoceront

gorilla

goril·la

aýy

ós

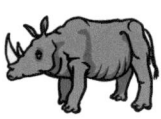

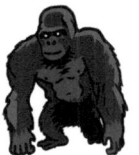

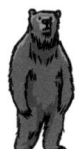

düýe

camell

düýeguş

estruç

ýolbars

lleó

maýmyn

simi

gyzylinjik

flamenc

hindiguş

papagai

ak aýy

ós polar

pingwin

pingüí

akula

ca mari

tawus

paó

ýylan

serp

krokodil

cocodril

haýwanat bagynyň
gullukçysy

guardià del zoo

düwlen

foca

ýaguar

jaguar

poni
poni

gaplaň
lleopard

begemot
hipopòtam

žiraf
girafa

bürgüt
àliga

ýekegapan
senglar

balyk
peix

pyşbaga
tortuga

suwpişik
morsa

tilki
guineu

jeren
gasela

amerikan
futbol americà

tigir sürmek
ciclisme

tennis
tenis

basketbol
bàsquet

ýüzme
natació

boks
boxa

hokkeý
hoquei sobre gel

futbol
futbol americà

badminton
bàdminton

ýeňil atletika
atletisme

gandbol
handbol

lyža sporty
esquí

polo
polo

hereket
activitats

gülmek
riure
bökmek
saltar
gujaklamak
abraçar
gitmek
anar
aýdym aýtmak
cantar
arzuw etmek
somiar
dilemek
pregar
öpmek
fer un petó

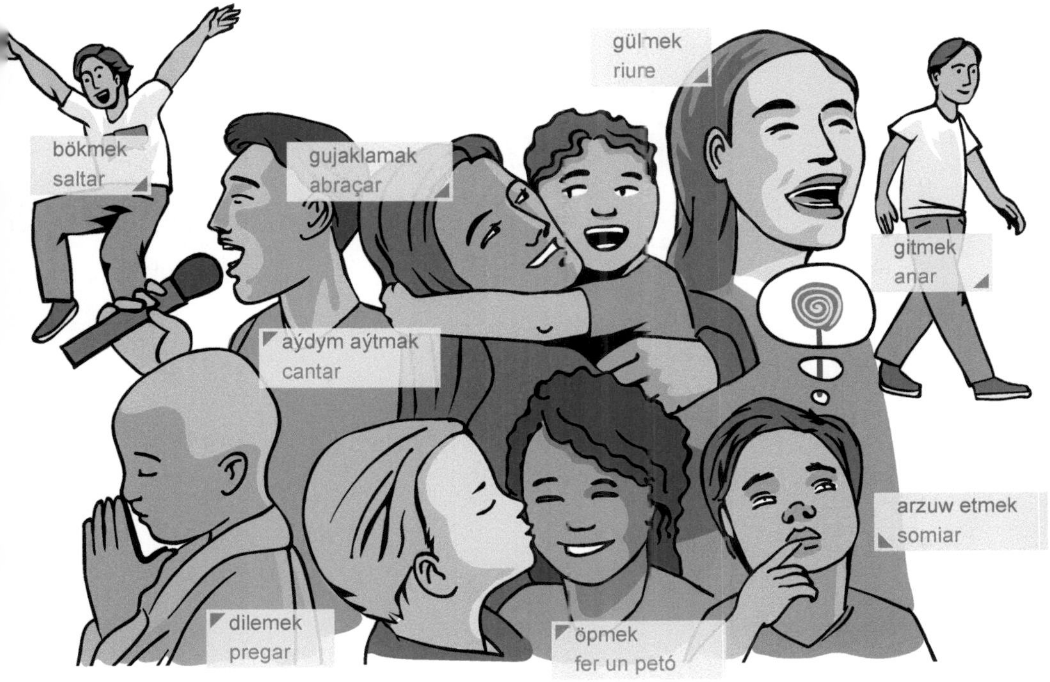

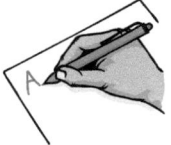

ýazmak
escriure

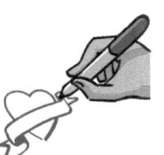

surat çekmek
dibuixar

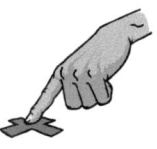

görkezmek
mostrar

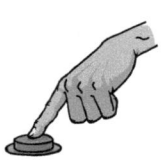

basmak
pitjar

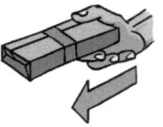

bermek
donar

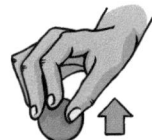

almak
prendre

eýe bolmak

tenir

etmek

fer

bolmak

ésser

durmak

estar dret

ylgamak

córrer

çekmek

estirar

taşlamak

llançar

gaçmak

caure

ýatmak

jeure

garaşmak

esperar

götermek

portar

oturmak

asseure's

geýmek

vestir-se

ýatmak

dormir

oýanmak

despertar-se

hereket - activitats

görmek

mirar

aglamak

plorar

sypalamak

amoixar

daramak

pentinar

gürlemek

parlar

düşünmek

comprendre

soramak

demanar

diňlemek

escoltar

içmek

beure

iýmek

menjar

tertipleşdirmek

endreçar

söýmek

estimar

taýýarlmak

cuinar

gitmek

conduir

uçmak

volar

ýelkeni ýaýyp gitmek

navegar

hasaplamak

calcular

okamak

llegir

okamak

aprendre

işlemek

treballar

nikalaşmak

casar-se

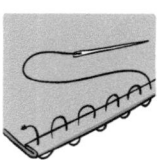

dikmek

cosir

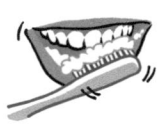

dişiňi arassalamak

raspallar-se les dents

öldürmek

matar

çilim çekmek

fumar

ugratmak

enviar

hereket - activitats

maşgala
família

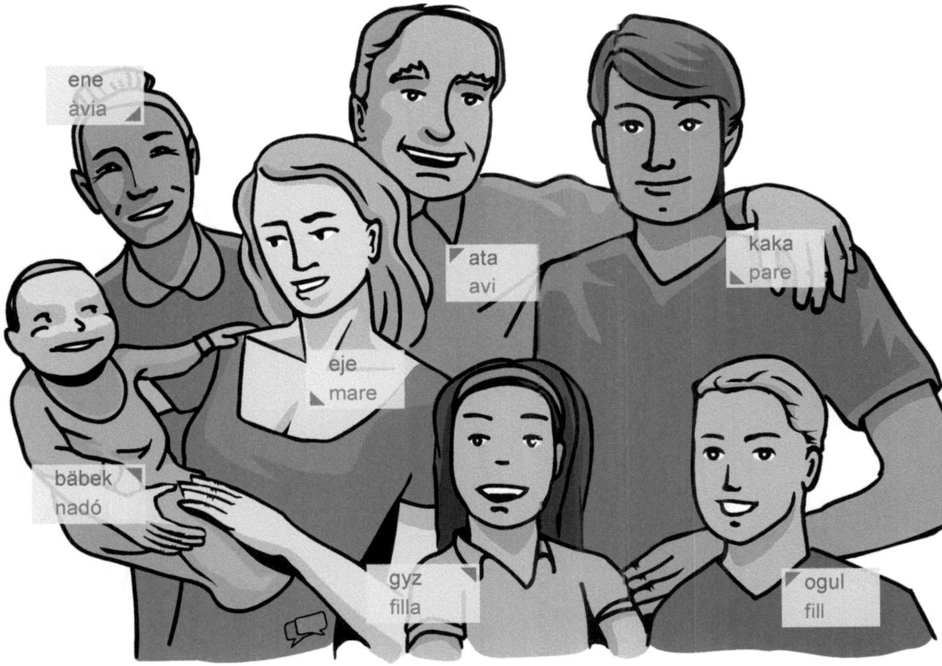

ene
àvia
ata
avi
kaka
pare
eje
mare
bäbek
nadó
gyz
filla
ogul
fill

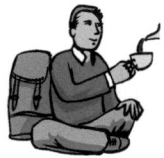

myhman

convidat

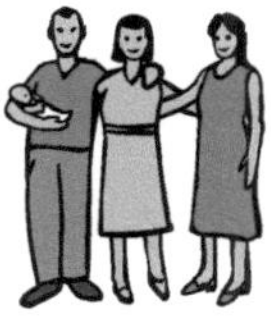

daýza

tia

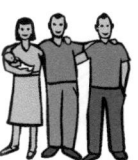

daýy

oncle

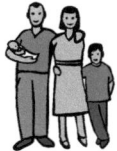

aga

germà

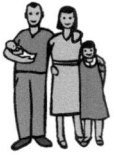

uýa

germana

ten

cos

maňlaý
front
göz
ull
egin
espatlla
barmak
dit
ýüz
cara
äň
barbeta
penje
mà
döş
pit
aýak
cama
el
braç

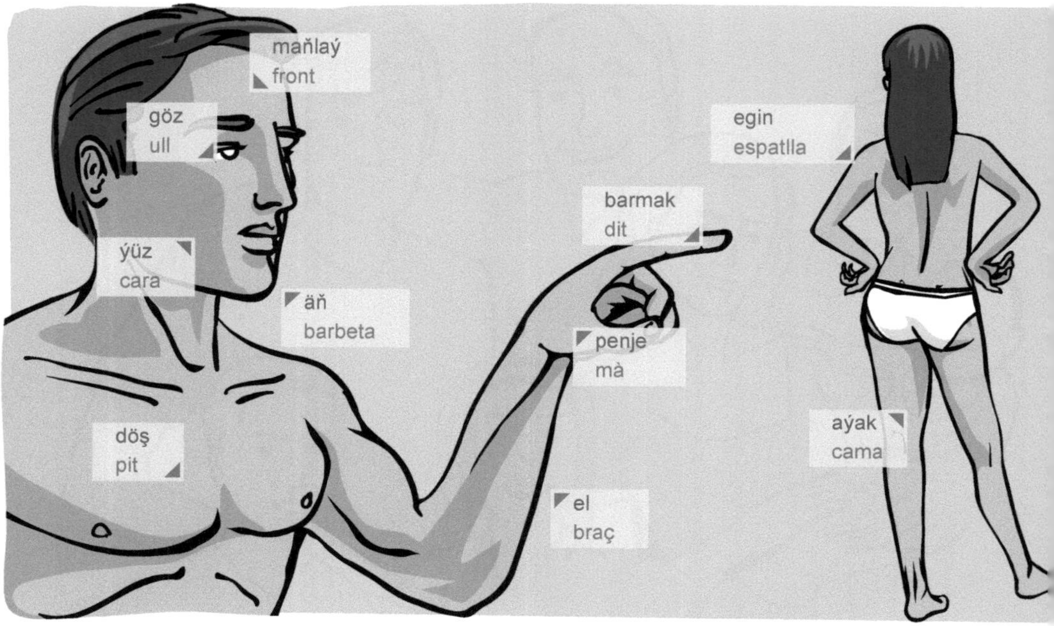

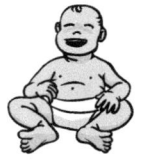

bäbek

nadó

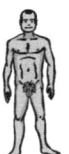

erkek

home

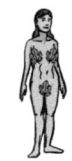

aýal

dona

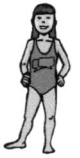

gyz

noia

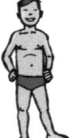

oglan

noi

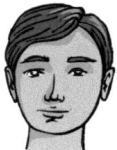

kelle

cap

arka

esquena

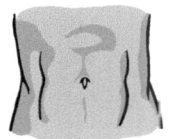

garyn

panxa

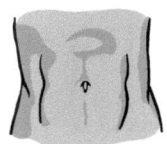

göbek

melic

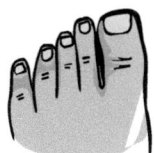

aýak barmagy

dit gros del peu

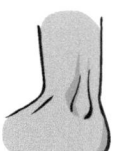

ökje

taló

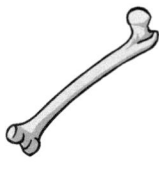

süňk

os

but

maluc

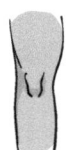

dyz

genoll

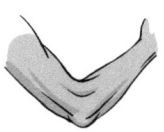

tirsek

colze

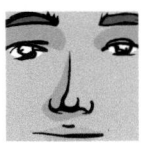

burun

nas

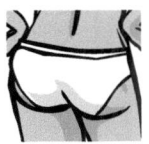

ýanbaş

cul

deri

pell

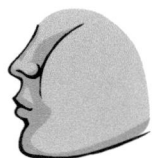

ýaňak

galta

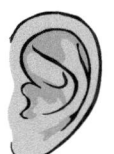

gulak

orella

dodak

llavi

agyz

boca

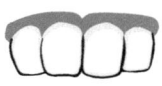

diş

dent

dil

llengua

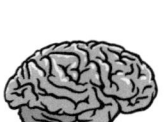

beýni

cervell

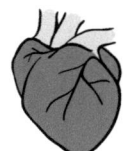

ýürek

cor

myşsa

múscul

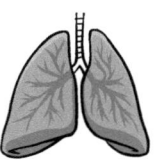

öýken

pulmó

bagyr

fetge

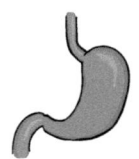

aşgazan

estómac

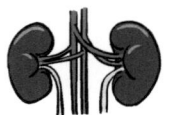

böwrek

ronyó

jyns ýakynlygy

relació sexual

prezerwatiw

preservatiu

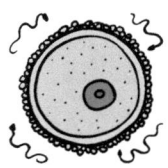

erkeklik jyns öýjügi

ovari

tohumlyk

semen

göwrelilik

prenyat

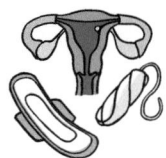

bil açylma
menstruació

wagina
vagina

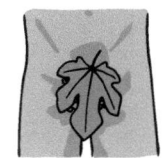

erkek jyns agzasy
penis

gaş
cella

saç
cabells

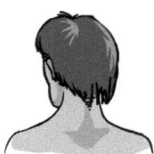

boýun
coll

hassahana
hospital

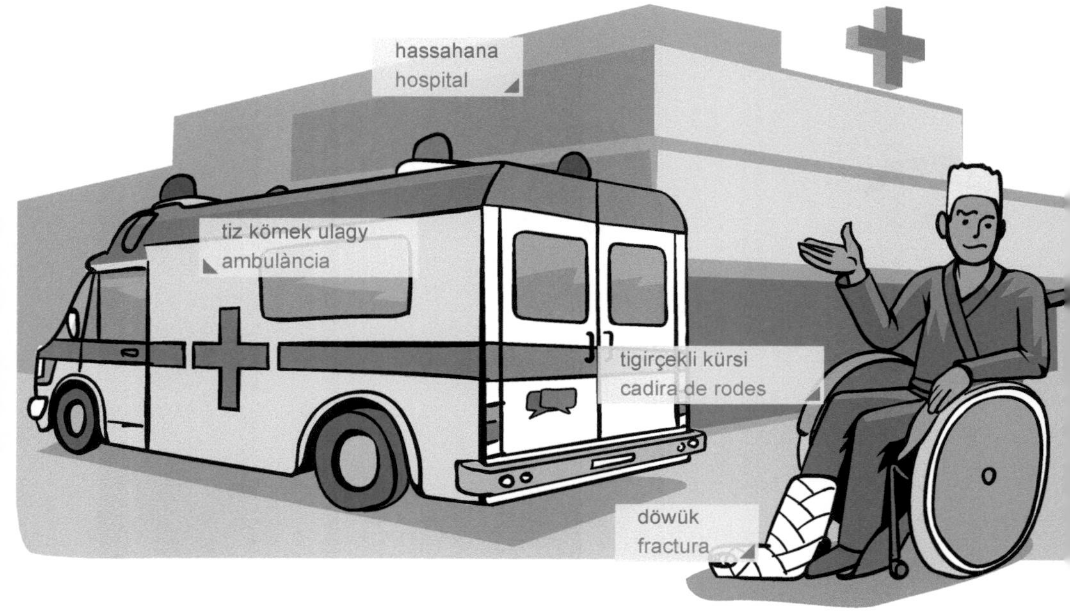

hassahana
hospital
tiz kömek ulagy
ambulància
tigirçekli kürsi
cadira de rodes
döwük
fractura

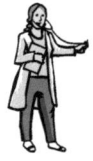

lukman
doctora

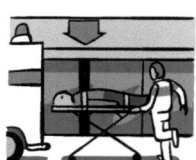

ilkinji kömek nokady
sala d'urgències

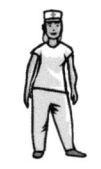

şepagat uýasy
infermera

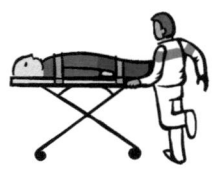

gaýragoýulmasyz ýagdaý
urgència

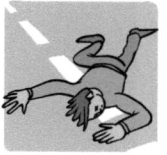

özüni bilmän
inconscient

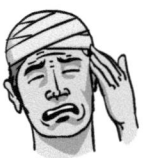

agyry
dolor

zeper ýetme

ferida

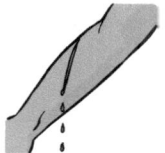

gan akmasy

sagnament

infarkt

atac de cor

insult

apoplexia

allergiýa

al·lèrgia

üsgülik

tos

ýokarlanan temperatura

febre

dümew

gripa

içgeçme

diarrea

kelle agyrysy

mal de cap

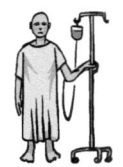

rak

càncer

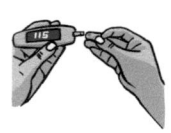

diabet

diabetis

hirurg

cirurgià

skalpel

escalpel

operasiýa

operació

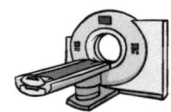

iýmit siňdirýän ortlaryň jemi

tomografia computada (TC), TAC

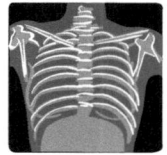

rentgen

raigs x

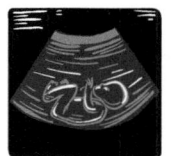

ultrases

ultrasò

maska

mascareta

kesel

malaltia

kabulhana

sala d'espera

pişek

crossa

plastyr

tireta

bint

embenat

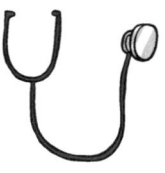

sanjym

injecció

stetoskop

estetoscopi

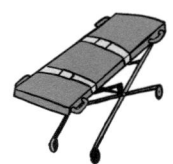

zemmer

llitera

termometr

termòmetre clínic

dogluş

pariment

artykmaç agram

sobrepès

eşidiş abzaly

aparell auditiu

zyýansyzlandyryjy serişde

desinfectant

ýokanç

infecció

wirus

virus

WIÇ/ AIDS

VIH / SIDA

derman

medicina

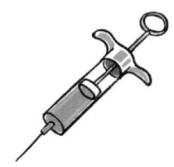

öňüni alyş sanjymy

vaccí

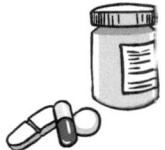

gerdejikler

comprimits

göwreli bolmakdan goraýan gerdejik

píl·lola

gaýragoýulmasyz çagyryş

trucada d'urgència

gan basyşyny ölçeýji abzal

tensiòmetre

näsag / sagdyn

malalt / sà

Kömek ediň!

Socors!

howsala signaly

alarma

çozuş

assalt

hüjüm

atac

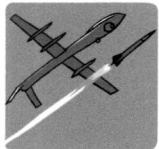

howp

perill

ätiýaçlyk çykalgasy

sortida-eixida d'urgència

Ýangyn!

Foc!

ot söndürijisi

extintor

betbagtçylykly ýagdaý

accident

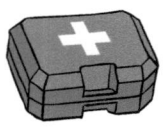

derman gutujygy

farmaciola de primers auxilis

SOS

SOS

milisiýa

policia

Ýewropa

Europa

Demirgazyk Amerika

Amèrica del Nord

Günorta Amerika

Amèrica del Sud

Afrika

Àfrica

Aziýa

Àsia

Awstraliýa

Austràlia

Atlantika ummany

Atlàntic

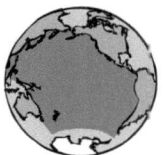

Ýuwaş umman

Pacífic

Hindi ummany

Oceà Índic

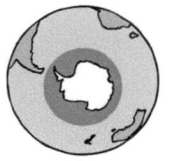

Antarktika ummany

Oceà Antàrtic

Demirgazyk Buzly umman

Oceà Àrtic

Demirgazyk polýusy

pol nord

Günorta polýusy

pol sud

Antarktida

Antàrtida

zemin

terra

gury ýer

país

deňiz

mar

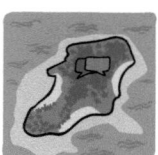

ada

illa

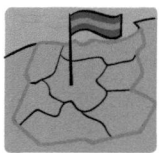

millet

nació

döwlet

estat

zemin - terra

siferblat

quadrant

sagadyň dili

agulla de les hores

minut görkezýän dil

agulla dels minuts

sekundy görkezýän dil

agulla dels segons

sagat näçe?

Quina hora és?

gün

dia

wagt

temps

häzir

ara

elektron sagady

rellotge digital

minut

minut

sagat

hora

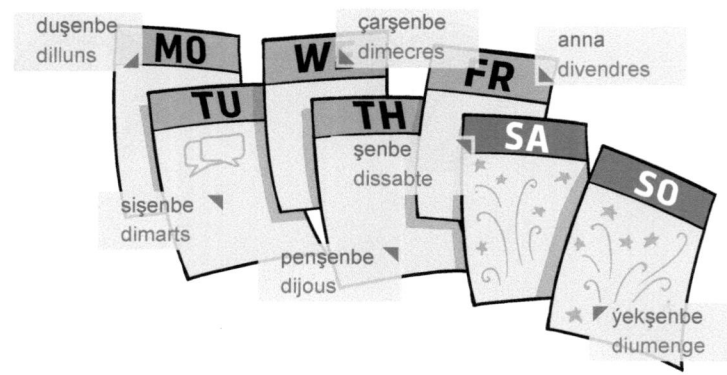

duşenbe / dilluns — MO
çarşenbe / dimecres — W
anna / divendres — FR
TU
TH
şenbe / dissabte — SA
sişenbe / dimarts
penşenbe / dijous — TH
ýekşenbe / diumenge — SO

düýn
....
ahir

şu gün
....
avui

ertir
....
demà

säher
....
matí

günortan
....
migdia

agşamlyk
....
tarda

MO	TU	WE	TH	FR	SA	SU
1	2	3	4	5	6	7
8	9	10	11	12	13	14
15	16	17	18	19	20	21
22	23	24	25	26	27	28
29	30	31	1	2	3	4

iş günler
....
dia feiner

MO	TU	WE	TH	FR	SA	SU
1	2	3	4	5	6	7
8	9	10	11	12	13	14
15	16	17	18	19	20	21
22	23	24	25	26	27	28
29	30	31	1	2	3	4

dynç günler
....
cap de setmana

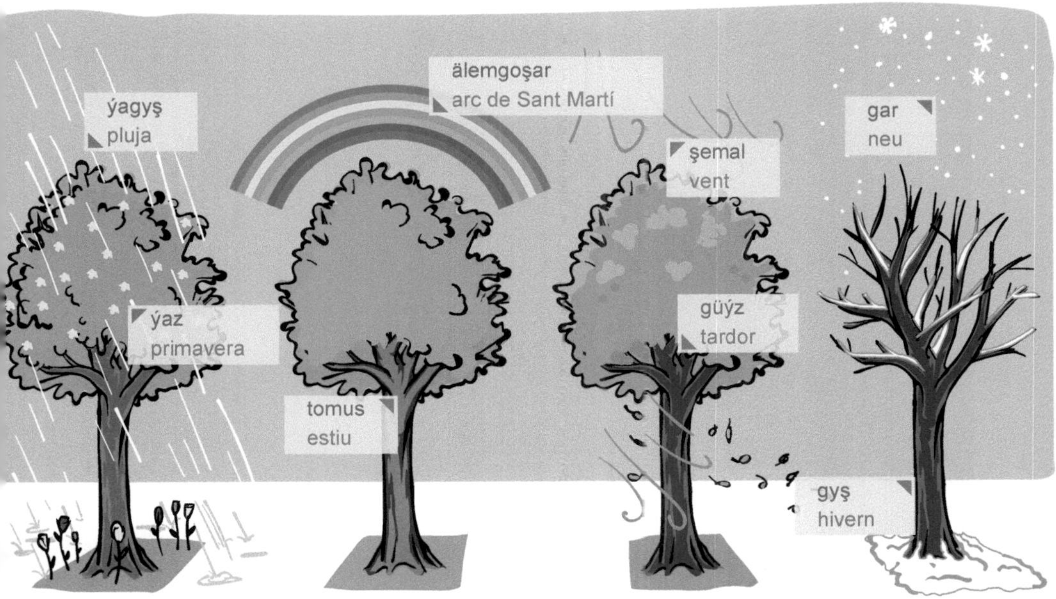

ýagyş
pluja
älemgoşar
arc de Sant Martí
şemal
vent
gar
neu
ýaz
primavera
güýz
tardor
tomus
estiu
gyş
hivern

4.APRIL 11°
5.APRIL 4°
6.APRIL 13°
7.APRIL 8°
8.APRIL 10°

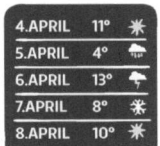

howa maglumaty

pronòstic del temps

F
C

termometr

termòmetre

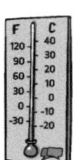

gün ýagtylygy

llum del sol

gara bulut

núvol

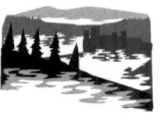

ümür

boira

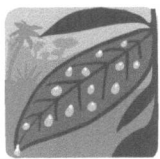

howanyň çyglylygy

humiditat de l'aire

ýyldyrym

llamp

gök gümmürdisi

tro

tupan

tempesta

doly

calamarsa

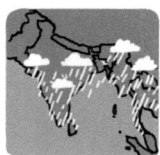

musson

monsó

suw alma

inundació

buz

gel

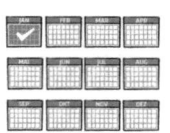

ýanwar

gener

fewral

febrer

mart

març

aprel

abril

maý

maig

iýun

juny

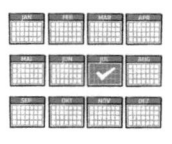

iýul

juliol

awgust

agost

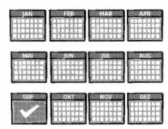

sentýabr

setembre

oktýabr

octubre

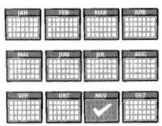

noýabr

novembre

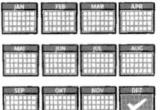

dekabr

desembre

tegelek

cercle

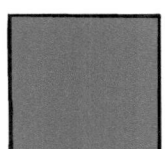

kwadrat

quadrat

göniburçluk

rectangle

üçburçluk

triangle

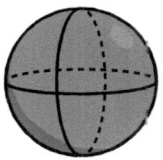

şar

esfera

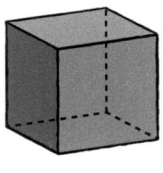

kub

cub

ak

blanc

sary

groc

mämişi

taronja

gülgüne

rosa

gyzyl

vermell

liliýa reňkli

lila

gök

blau

ýaşyl

verd

goňur

marró

çal

gris

gara

negre

köp / az

molt / poc

gazaply / asuda

emprenyat / tranquil

owadan / betnyşan

bonic / lleig

başy / soňy

començament / fi

uly / kiçi

gran / petit

açyk / garaňky

clar / fosc

oglan dogan / gyz dogan

germà / germana

arassa / hapa

net / brut

doly / doly däl

complet / incomplet

gündiz / gije

dia / nit

jansyz / diri

mort / viu

giň / dar

ample / estret

iýilýän / iýilmeýän

comestible / immenjable

gaharly / dostlukly

dolent / amable

tolgunly / tukat

entusiasmat / entediat

çişik / hor

gros / prim

başda / soňunda

primer / darrer

dost / duşman

amic / enemic

doly / boş

ple / buit

berk / ýumşak

dur / tou

agyr / ýeňil

pesant / lleuger

açlyk / teşnelik

gana / set

näsag / sagdyn

malalt / sà

bikanun / kanuny

il·legal / legal

akyly / akmak

intel·ligent / ximple

çepde / sagda

esquerra / dreta

ýakyn / daş

prop / llunyà

täze / ulanylan

nou / usat

hiç zat / bir zat

res / quelcom

garry / ýaş

vell / jove

ýakylan / söndürilen

encès / apagat

açyk / ýapyk

obert / tancat

ýuwaş / gaty

silenciós / sorollós

baý / garyp

ric / pobre

dogry / nädogry

correcte / incorrecte

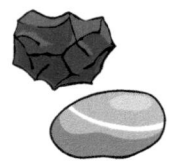

büdür-südür / tekiz

aspre / suau

gamgyly / şatlykly

trist / content

gysga / uzyn

curt / llarg

haýal / tiz

lent / ràpid

öl / gury

humit / sec - eixut

ýyly / sowuk

calent / fred

uruş / parahatçylyk

guerra / pau

0	1	2
nul	bir	iki
zero	u	dos

3	4	5
üç	dört	bäş
tres	quatre	cinc

6	7	8
alty	ýedi	sekiz
sis	set	vuit

9	10	11
dokuz	on	on bir
nou	deu	onze

12

on iki

dotze

13

on üç

tretze

14

on dört

catorze

15

on bäş

quinze

16

on alty

setze

17

on ýedi

disset

18

on sekiz

divuit

19

on dokuz

dinou

20

ýigrimi

vint

100

ýüz

cent

1.000

müň

mil

1.000.000

million

milió

iñlis

anglès

amerikan iñlis

anglès americà

mandarin hytaý

xinès mandarí

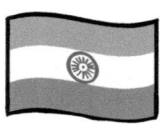

hindi

hindi

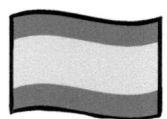

ispan

espanyol

fransuz

francès

arap

àrab

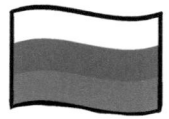

rus

rus

portugal

portuguès

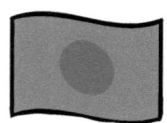

bengal

bengalí

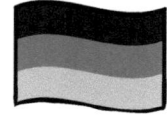

nemes

alemany

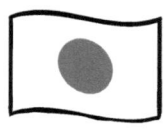

ýapon

japonès

men
jo

sen
tu

ol (oglan) / ol (gyz) / ol (jansyz zat)
ell / ella / allò

biz
nosaltres

siz
vosaltres

olar
ells

kim?
qui?

näme?
què?

nähili?
com?

nirede?
on?

haçan?
quan?

ady
nom

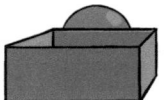

yzynda

darrere

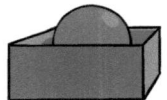

içinde

en

öňünde

davant de

bir zadyň üsti

damunt

üstünde

sobre

aşagynda

sota

ýanynda

al costat

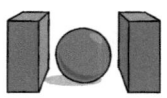

arasynda

entre

ýer

lloc